SOCIÉTÉ SUISSE
DE SECOURS

PENDANT LA GUERRE

FONDÉE. A LYON

EN 1870

COMPTE RENDU DE L'ASSEMBLÉE GÉNÉRALE

TENUE LE 22 AVRIL 1871

dans la Salle Philharmonique, à Lyon

SOCIÉTÉ SUISSE
DE SECOURS

PENDANT LA GUERRE

FONDÉE A LYON

EN 1870

COMPTE RENDU DE L'ASSEMBLÉE GÉNÉRALE

TENUE LE 22 AVRIL 1871

dans la Salle Philharmonique, à Lyon

LYON

IMPRIMERIE SCHNEIDER FRÈRES

12, quai de l'Hôpital, 12

—

1871

SOCIÉTÉ SUISSE DE SECOURS

PENDANT LA GUERRE

COMPTE RENDU DE L'ASSEMBLÉE

tenue le 22 Avril, dans la Salle Philharmonique, à Lyon

RAPPORT

DE

M. EDMOND VERNET

PRÉSIDENT

CHERS COMPATRIOTES !

L'effroyable guerre qui avait donné naissance à notre association vient de finir, je voudrais pouvoir ajouter que le sang a cessé de couler....

Après une si rude épreuve, il est naturel de se demander quels sont les résultats qu'elle a produits sur nous.

Le cœur rempli de reconnaissance de ce que notre chère patrie était épargnée, attristés au récit des souffranées causées par le terrible fléau, nous nous sommes sentis pressés de faire quelque chose (dans la mesure de nos forces) pour soulager tant de maux. C'est ce sentiment qui nous a poussés à nous grouper sous ces deux bannières qui seront, je l'espère, à jamais réunies, la bannière de la Suisse et celle de la Charité.

La Société Suisse de secours pendant la guerre a pris fin, mais *notre union restera !* C'est déjà là un bienfait résultant de la guerre ; il en est un autre, c'est le sentiment que nous avons fait quelque bien....

Ce n'est pas sans tristesse que je vous adresserais mon rapport final, si je ne voyais poindre à l'horizon une nouvelle société qui sera, j'en ai le ferme espoir, un centre de ralliement permanent de la colonie Suisse de Lyon. Nous en reparlerons à un autre moment ; j'ai hâte de vous donner un résumé rapide de l'œuvre accomplie par notre Société.

Je vous parlerai de l'ambulance et de notre corps d'infirmiers, laissant à M. Dapples le soin de vous faire le rapport sur le corps des sapeurs-pompiers dont il a été l'habile organisateur et le si digne commandant.

Notre ambulance est entrée en fonctions le 27 novembre 1870.

Les derniers malades sont partis le 15 avril 1871, ce qui fait une période de quatre mois et demi ou 139 jours.

Pendant ce temps, nous avons traité 93 malades qui ont passé 2,515 journées à l'ambulance.

Nous ne comptons pas dans ce nombre une cinquantaine de malades qui sont venus ; quelques-uns régulièrement, d'autres accidentellement, se faire panser à notre ambulance.

Ces 2,515 journées de malades nous ont coûté en déboursés réels, frais accessoires compris 4,942, fr. 30 c. Si nous ajoutions à cette somme la valeur des dons en nature qui nous ont été faits, nous arriverions à un prix de journée assez élevé (1); à cet égard votre directeur pourrait avoir droit à quelques critiques, mais je ne m'en effraie pas, car si j'ai été trop large, je me suis inspiré de votre propre générosité : vous avez voulu qu'il n'y eut aucune parcimonie dans les soins que nous pouvions donner aux malheureux défenseurs de la France, et que le témoignage de notre sympathie ne fût pas restreint. M. le Dr Gignoux, avec l'autorité que lui donne sa longue expérience médicale, pourrait vous dire, quelle influence ont sur les malades une propreté scrupuleuse, ces petits soins, ces petites attentions qui ne sont pas apparents, mais qui se traduisent par une augmentation sérieuse au chapitre des dépenses.

Du reste, Messieurs, tous ceux d'entre vous qui ont visité notre ambulance, ont pu recueillir de la bouche de nos malades des paroles qui sont la meilleure récompense des sacrifices que vous avez faits. (Cet air de bien être, de satisfaction qui était sur toutes les figures, est la justification la plus simple de notre budget). Et si je pouvais vous faire part des lettres que nous avons reçues de nos malades après leur sortie de l'ambulance, ou des parents de ceux que nous avons eu le malheur de perdre, vous en seriez tous profondément touchés.

Mais ce qui a contribué plus que toute autre chose à soutenir le moral de nos malades, et à favoriser leur guérison, c'est que nos infirmiers étaient leurs amis et sympathisaient à toutes leurs souffrances.

C'est là ce qui fait la particularité de notre œuvre, c'est le service de nos infirmiers volontaire au nombre de 65, ayant des vocations très-différentes, tous des hommes occupés, qui, pendant 139 jours et 139 nuits, se sont succédé deux à deux auprès de nos malades, sans que jamais leur dévouement a t

(1) 2 fr. 25 c.

fait défaut, apportant à l'accomplissement de leur tâche cet esprit d'ordre sans lequel ce fonctionnement un peu compliqué aurait pu nuire au service. Voilà ce qu'a été notre œuvre, chacun y a apporté sa part de temps et de peines.

Devons-nous nous en glorifier? Gardons-nous en bien, qu'avons nous fait en somme? Notre devoir, notre devoir de chrétiens! Souvenons-nous en oui, comme encouragement pour l'avenir, et pour être prêts à nous dévouer de nouveau en toute occasion.

Peu de jours après notre dernière assemblée, j'appris que les bras manquaient à l'ambulance de la gare de Perrache, le nombre des blessés qui arrivaient chaque jour s'était subitement élevé, et avait atteint un moment le chiffre de 2,000. — C'était-là que devaient tout naturellement se porter les efforts de notre corps d'infirmiers ambulants; je les convoquais de suite pour organiser avec eux un service régulier, et leur empressement à répondre à l'appel que je leur adressais m'assurait d'avance du zèle et du dévouement qu'ils ont apportés à l'accomplissement de cette œuvre.

Il fut entendu que deux infirmiers passeraient régulièrement la nuit à l'ambulance de la gare, pour aider au transport, aux pansements, aux soins de toute espèce que réclament les blessés après un voyage quelquefois bien long en chemin de fer. Nos infirmiers étaient souvent plus de deux et les administrateurs de l'ambulance de la gare m'ont dit combien ils avaient su se rendre utiles, et combien on y avait été sensible au concours que nous avons prêté. Ce service du reste avait quelque chose de très-triste d'une part, mais de très-entrainant de l'autre. Triste de voir arriver ces convois de militaires à l'œil fixe, aux traits allongés et amaigris par la souffrance et les privations.... Entrainant parce qu'à cette vue le cœur se fondait et qu'aucun effort ne coûtait pour aider à les soulager. Le service à la gare a duré du **22** janvier au **4** avril, soit **71** nuits, voilà ce qu'ont fait nos infirmiers.

Je voudrais pouvoir dire ce qu'ont fait nos médecins, quel dévouement ils ont apporté à notre œuvre, mais ma parole est impuissante, et cependant il faut bien que j'essaie, car pour sûr ils ne vous le diront pas eux-mêmes.

Depuis les derniers jours de janvier, M. le Dr ICARD est venu joindre ses efforts aux leurs. M. GIGNOUX vous dira contre quelles difficultés ils ont eu à lutter; ils ont employé à cette lutte non seulement toute leur science, mais tout leur cœur, aussi ont-ils obtenu des succès remarquables. Ils n'ont épargné ni temps ni peine; pendant les moments les plus difficiles leurs visites à notre ambulance ont duré jusqu'à trois heures par jour. Je voudrais pouvoir leur exprimer toute notre reconnaissance, mais MM. Irénée GIGNOUX et Louis GIGNOUX, M. ICARD et M. Joseph BLANCHARD ont une récompense qui pour eux est plus haute que tout ce que je pourrais dire, et que rien ne pourra leur ôter, c'est le sentiment d'avoir soulagé tant de souffrances.

Permettez-moi une petite parenthèse.

Plusieurs ici ont lu un article très-sympathique pour notre ambulance, qui a paru dans le *Journal de Genève*. On a été seulement étonné d'y voir M. BLANCHARD désigné sous le nom de BLANCHARD *père*! mais voici l'explication.

L'auteur de l'article, en visitant notre ambulance, aura interrogé un malade. Qui est-ce qui vous soigne? c'est M. BLANCHARD. — M. BLANCHARD père ou BLANCHARD fils. — Oh! répondit ce malade, vous ne risquez rien de l'appeler père, à la manière dont il nous soigne nous sommes bien ses enfants!

Nous vous avons entretenus dans notre précédent Rapport du service dont notre Société s'était chargé vis-à-vis du Comité international de secours aux militaires blessés de Genève et de l'Agence de Bâle.

Nous avons reçu, en tout, de la Suisse 412 colis, pesant ensemble plus de 15000 kilogrammes, renfermant des objets de pansements, des vêtements, de la lingerie, des médicaments.

des aliments, des caisses de chirurgie ; enfin, tout ce qui peut être utile dans les ambulances.

Ces objets ont été envoyés par nous à Autun, Beaujeu, Besançon, Bourges, Chalon, Dijon, Lancié, Mâcon, Moulins, Nevers, Neuville, Orléans, Roanne, Saint-Etienne, Tours, Vichy, Vierzon. La plupart des envois ont été accompagnés par des membres de notre Société, auxquels nous adressons ici nos meilleurs remercîments. Nous avons remis à l'ambulance de la gare de Perrache 15 caisses, à des ambulances volantes ou des environs 15 caisses, et 2 à l'ambulance de la 3ᵐᵉ Légion.

Enfin, suivant l'autorisation que nous en avions reçue, nous avons attribué 6 caisses à notre ambulance.

C'est notre dévoué collègue, M. MAYOR, qui avec une activité et un dévouement auxquels nous tenons à rendre hommage, s'est occupé de tout ce qui avait rapport à la réception et la réexpédition de ces objets. C'est lui qui, avec ses trois collègues de la Commission désignée pour cela, MM. CHAPUISAT, KIMMERLING et BORNET, a suivi la correspondance qui y était relative.

Cette commission ne s'est pas contentée d'attendre les demandes, elle est allée au-devant, en s'informant des localités où les secours étaient le plus nécessaires, et en correspondant avec les Comités des départements situés sur le théâtre de la guerre. Si nous vous donnions lecture des lettres de remercîments que nous avons reçues, vous jugeriez de la sympathie que la Suisse a suscitée partout par sa charité.

Après la malheureuse retraite de l'armée de l'Est et son entrée en Suisse, tout le monde ici était préoccupé des moyens d'envoyer des secours aux soldats internés dans notre pays. — Il nous a semblé qu'en cette occasion le devoir ne notre Société était tout tracé.

Notre Comité décida aussitôt d'offrir ses services à cette

nouvelle œuvre. C'est encore M. Mayor qui mit son magasin à notre disposition, pour recevoir les dons de toute nature destinés aux soldats internés.

L'Agence centrale, instituée à Genève, se mit en rapport avec nous; c'est à elle que nous adressâmes tous nos envois; il lui était facile, par sa liaison avec tous les Comités cantonaux, de les répartir de la manière la plus profitable, et de faire parvenir le plus rapidement possible les dons qui avaient une destination spéciale.

Nous avons ainsi reçu :

Fr. 1,290. — en 61 envois à destination spéciale.

2,049, 15. en 17 versements pour les internés en général.

Total Fr. 3339, 15. en espèces,

Plus :

113 paquets à destination spéciale;

50 paquets pour les internés en général, qui ont été expédiés en :

23 colis pesant ensemble kilos 1,156

Nous avons reçu en outre, du

Comité lyonnais de secours aux blessés 12 colis.

Pour la 1re Légion du Rhône......... 6 colis.

Pour les mobiles de la Corse .... 10 colis.

Soit ensemble 28 colis

Pesant........... kilos 1,847

Total général 51 colis, pesant .... kilos 3,003

J'aurais voulu, Messieurs, avant de terminer pouvoir faire une mention spéciale de ceux des membres de nos deux corps d'infirmiers ou de notre corps de sapeurs-pompiers qui ont apporté à notre œuvre un zèle tout particulier. Mais, je suis fier de le dire, la liste serait nombreuse et la manière dont ils ont agi m'a suffisamment prouvé que leurs dévoue-

2

ments étaient de ceux qui ne cherchent pas à faire parler d'eux, et je l'apprécie hautement.

J'aurais voulu, quant à moi, accomplir plus complétement la tâche que vous m'avez fait l'honneur de m'attribuer, mais j'ai senti toute mon insuffisance.

Merci des excellents rapports que j'ai eu le bonheur d'entretenir avec vous. — Merci de la confiance que vous m'avez accordée. — Merci des exemples que vous m'avez donnés.

Mon mandat, ainsi que celui de mes collègues, est arrivé à son terme, je ne suis plus votre président, mais permettez-moi de rester votre ami.

Restons unis pour tout ce qui est juste, pour tout ce qui est bien, soyons fidèle à notre belle devise « *Un pour tous, tous pour un* » et nous serons les dignes citoyens d'un pays libre !

RAPPORT

DES

SAPEURS-POMPIERS SUISSES

A L'ASSEMBLÉE GÉNÉRALE & FINALE

du 22 Avril 1871

CHERS COMPATRIOTES !

Dans notre assemblée générale du 14 janvier, il vous a été soumis un rapport assez détaillé sur l'organisation et la marche des compagnies de Pompiers suisses, pour qu'il ne soit pas nécessaire aujourd'hui de nous étendre beaucoup.

Après ce que vous venez d'entendre, notre compte rendu vous paraîtra probablement peu intéressant, car notre rôle, s'il n'est pas plus modeste que celui des infirmiers, est incontestablement plus prosaïque.

Nous nous bornerons donc à vous dire succinctement ce qui a été fait dans le but de témoigner, par des actes, notre sympathie pour les malheurs de la France, en rendant service pendant la guerre.

L'esprit d'union qui présida à notre première séance était d'un bon augure; s'il a persisté, nous ne devons nous en attribuer que très-peu de mérite, car notre tâche a été considérablement facilitée et rendue agréable par la cordialité et l'entrain d'un homme essentiellement pratique, auquel nous tenons à rendre ici l'hommage qui lui est dû.—Vous comprenez déjà que je vais nommer M. LACHAL.

En effet, si, au lieu d'avoir affaire à un homme d'action, nous avions été sous la direction d'un commandant qui eût opposé, à nos bonnes intentions, les lenteurs généralement adhérentes aux administrations, ou qui nous eût témoigné de la tiédeur, nous serions sans doute restés bien au-dessous du modeste résultat que nous avons obtenu.

Aussi, avant de nous séparer comme Pompiers, avons-nous tenu à lui témoigner notre reconnaissance et à lui donner l'assurance qu'il a laissé parmi nous le meilleur souvenir.

Nous avons assisté d'une manière active à 14 incendies, dont six ont eu lieu en 1870 et huit en 1871 ; un seul a été réellement important.

Si nous n'avons pas eu de plus nombreuses occasions d'être mis à contribution, nous devons en féliciter la ville de Lyon; mais nous croyons être dans le vrai en disant qu'au sinistre du quai Vaïsse, vous avez donné un témoignage de la sincérité de vos efforts, car il a eu lieu dans des circonstances exceptionnelles, vu le froid intense qui paralysait les moyens d'action, (7° au-dessous de zéro).

Tous ceux qui étaient présents ont consciencieusement accompli leur devoir, et plusieurs se sont distingués par leur courage et leur dévouement soutenus.

Du 28 novembre au 1er janvier, on nous a confié la garde du Palais de l'Alcazar, transformé en magasin d'approvisionnements, et du 26 décembre au 6 mars, nous avons eu le poste de l'Hôtel-Dieu.

Le temps donné à ce service forme un total de 3600 heures, en calculant trois hommes pour chaque poste.

Il vous intéressera peut-être de savoir comment étaient composées nos compagnies.

Presque tous les Cantons de la Suisse y étaient représentés. et dans les proportions suivantes :

Tessin	51
Vaud	35
Genève	19
Grisons,	14
Zurich,	14
Berne	11
Neuchatel	7
Fribourg	7
Argovie	6
Schaffhouse	2
Bâle	2
Saint-Gall	4
Glaris	1
Lucerne	1
Soleure	1
Unterwald	2
Valais,	2
Thurgovie	1
Appenzell	1

Sans revenir sur le rapport de notre Trésorier, nous mentionnerons en passant que les compagnies de Pompiers figurent dans ses livres pour une dépense de 2,185 fr. 75, soit 12 francs par tête, en tenant compte de ce qui a été remboursé à l'adjudant-major, et de l'abandon des 300 francs alloués par le Comité, pour compenser les inconvénients occasionnés par les nuits de garde.

Le 2 avril a eu lieu l'Assemblée finale des compagnies; elles y ont arrêté leur licenciement dans les termes suivants :

« La paix étant conclue, l'Assemblée générale des Sapeurs-Pompiers Suisses formés à Lyon, en octobre 1870, pour la durée de la guerre, décide que les compagnies cesseront désormais leur service, et que leur uniforme ne devra plus être porté.

« Le Conseil remettra les comptes et les archives au Comité central de la Société Suisse de secours. »

En terminant, nous sommes heureux de pouvoir constater que le zèle qui s'était manifesté dès le début, ne s'est pas ralenti.

Les compagnies de Pompiers Suisses ont rempli leur partie du programme de votre Société, en montrant qu'ils étaient toujours prêts à coopérer de leur mieux à l'œuvre commune dont le but était d'atténuer, dans la mesure de nos forces, les effets terribles de la guerre.

Puisse la paix intérieure être bientôt rendue à la France, si cruellement éprouvée par les plus affreux désastres qui puissent affliger un pays! — C'est le vœu que nous formons tous du fond du cœur; et puissent les tristes événements, dont nous avons été et sommes malheureusement encore les spectateurs, développer en nous le sentiment du devoir, de l'union et de l'amour de la patrie!

E. Chenaud.

RAPPORT

DE

M. LE DR GIGNOUX (PÈRE)

SUR L'AMBULANCE SUISSE

MESSIEURS ET CHERS COMPATRIOTES !

Depuis le 27 novembre, nous avons observé 19 affections pulmonaires, dont 4 chroniques, 6 varioles, 4 fièvres typhoïdes, 15 diarrhées ou dyssenteries, 5 cachexies paludéennes, 2 rhumatismes articulaires aigüs, 2 chroniques, 6 anémies, puis un nombre considérable de blessures diverses.

Le seul épisode digne de remarque est l'invasion de la pourriture d'hôpital à forme ulcéreuse; importée par un jeune capitaine de la ligne, d'abord sur un malade atteint d'une blessure grave de la région inguinale, nous vîmes bientôt l'affection se propager sur une plaie de la main, une résection du radius dans la continuité, et sur un moignon de jambe amputée.

Nous eûmes alors à prendre le parti d'isoler les blessés nouveaux de ce foyer d'infection, et tous les malades atteints furent vigoureusement traités par le fer rouge et les toniques, et cela avec un succès complet.

Telle est, Messieurs, la partie technique, pour ainsi dire, de l'Ambulance, langue barbare dont la science a besoin, et que vous oublierez bientôt ; mais ce qui restera impérissable dans vos souvenirs ce sont les scènes de la vie à l'Ambulance.

Comment oublier, en effet, cette expression de sombre désespoir que présentaient surtout les blessés à leur entrée dans nos salles. Puis, quand venait l'heure de l'intervention chirurgicale, quelles indicibles douleurs ! quels cris déchirants !

Alors vos cœurs se brisaient et défaillaient peut-être, vous faisiez vos premières armes ; mais bientôt, comme de vieux guerriers sur le champ de bataille, vous vous raffermissiez, et oubliant votre propre faiblesse vous ne pensiez plus qu'aux services à rendre...

Et il fallait, Messieurs, assister à ce spectacle des convulsions de la nature humaine pour nous apprendre à en mesurer le néant, pour nous faire remonter à la cause de tant de maux : la guerre ! Pour nous la faire maudire, cette idole qu'on encense encore, cette idole païenne, encore debout !

Il le faudrait, ce spectacle, pour vous grands de la terre, qui mettez vos gloires à attacher à la hampe de vos drapeaux les lambeaux sanglants de la conquête...., il faut que vous sachiez ce que vos lauriers coûtent de larmes...

Comme les Césars romains, avant de monter au Capitole, passez par la voie douloureuse, par la voie des tombeaux.... Venez entendre ces cris lugubres ; assistez, comme nous, aux derniers râles de ces hommes fauchés avant le temps : il y a peu d'heures, ils vous saluaient encore pleins de vie et de jeunesse : *Ave, Cæsar, morituri te salutant !* et maintenant ils sont morts ensevelis dans la défaite ou le triomphe ; ils sont morts ! que la Victoire reste voilée d'un crêpe funéraire !

Et nous, chers Compatriotes, détournons nos regards de cette terre baignée de larmes et de sang ; ne pensons plus qu'aux joies des malades qui revenaient à la vie, qu'aux paisibles sourires de la convalescence. Élevons nos âmes dans des régions plus sereines encore. En voyant notre patrie si

calme, quand les nations qui l'entourent, agitées d'un mysté-
rieux travail, tremblent devant d'effrayants problèmes, re-
montons à la source de tout bien.

Courbez la tête, fils de Tell et de Bonivard..., fiers descen-
dants des héros de Morgarten, de Granson et de Morat,
glorieux héritiers des Gessner et des Saussure, courbez la
tête ! gloires anciennes de la patrie et gloires encore vivan-
tes, inclinez vous devant Celui qui donne la paix !

Mais cette paix que le Christ est venu apporter au monde,
et que le monde n'a pas voulue, ce n'est pas le calme dans
l'égoïsme; ce n'est pas la joie féroce du poëte latin qui, le sou-
rire aux lèvres, contemplait, lui, tranquille au rivage, l'agonie
d'un vaisseau désemparé par la tempête; la paix du Christ,
c'est l'activité dans l'amour, c'est la fiévreuse charité de la
Suisse chrétienne au milieu de tant de malheurs....

Lorsque Tacite, ce grand génie qui burinait pour les âges à
venir l'histoire de son temps, nous trace les orgies de Messaline, il nous la représente : sa main défaillante laissant tomber
la coupe à laquelle son esprit en délire demandait encore des
voluptés nouvelles, lasse mais non rassasiée : *lassata, nondum
satiata*.... C'était le dernier terme de la civilisation romaine :
lassata, nondum satiata.

C'est la flétrissure gravée en traits de feu par le sombre
écrivain au front de l'humanité païenne : la lassitude dans la
volupté et la soif toujours plus insatiable au milieu de
l'ivresse.

Les mœurs de Messaline s'étaient infiltrées dans la
famille, et les nobles matrones elles-mêmes autrefois si
fières de leur vertus, étaient devenues à la suite des jeux
sanglants du cirque impudiques et cruelles, *dira voluptas*.

Alors le Christ apparut au monde ; à ces amours infâmes, il
substitua l'amour de ceux qui souffrent ; il traça à l'humanité la
voie nouvelle ; et la Suisse s'est précipitée toute entière dans
ce glorieux sillon, toujours plus ingénieuse et plus active.

3

Non, la Suisse ne se lasse jamais dans son amour pour ceux qui souffrent.

Etes-vous las, vous qu'on appelle les heureux de la terre, et qui ne l'êtes que parce que vous y faites plus de bien, vous qui avez donné votre or, votre temps qui est aussi de l'or, et votre vie peut-être en exposant à toutes les contagions vous et vos familles.

Etes-vous las, vous nombreux parmi nous qui vivez dans cette médiocrité si noblement soufferte, qu'elle est la source des bénédictions du ciel sur la patrie? Vous qui partagiez avec les fils de la France votre foyer, votre pain et donniez encore vos larmes recueillies par les anges, lorsqu'il ne vous restait plus rien !

Non, non, vous ne connaissez pas la lassitude, et s'il survenait encore une de ces tourmentes à travers lesquelles les nations se purifient et grandissent, vous vous leveriez tous ensemble pour la moisson nouvelle. Vous êtes les hommes du nouvel amour !

Et moi, que les années et les labeurs de la vie ont condamné à la stérilité, comme un arbre vieilli où la séve est éteinte, je ne me lasserai jamais au spectacle de vos nobles vertus; et quand je retournerai au pays pour y mourir, quand je reverrai ces hommes qui ont aimé jusqu'à l'oubli d'euxmêmes, ces dignes femmes qui ont pansé tant de plaies et consolé tant d'âmes, je m'inclinerai saisi d'un saint respect: ces hommes sont vos pères, ces femmes sont vos mères, vos sœurs, vos chastes fiancées !

Et puis, mais dans bien longtemps, vous arriverez aussi au terme de la course, et le souvenir des consolations que vous apportiez à l'Ambulance charmera vos dernières heures; vous vous rappellerez alors ces amitiés si douces qui y ont commencé et n'ont jamais fini, et vous bénirez la patrie qui a su mettre de telles pensées au cœur de ses enfants.

Patrie, si petite et cependant si grande !... le champ du

Grütly n'a que quelques arpents, mais le chêne qu'il a vu naître abritera longtemps alors sous son ombre les exilés, les désespérés des nations qui y viennent chercher un asile.

Patrie où tout est sacré, même les limites tracées sur la carte de l'Europe par les traités ou l'épée de nos libérateurs ! Arrière les ambitions vulgaires qui voudraient les étendre.

Guerre éternelle à qui voudrait y toucher !!...

DISCOURS

DE

M. LE PRÉSIDENT HONORAIRE

CONSUL DE LA CONFÉDÉRATION SUISSE, A LYON

MESSIEURS ET CHERS CONFÉDÉRÉS !

Je n'ai rien à ajouter aux rapports si clairs et si patrioti-
ques que vous venez d'entendre ; mais, cependant, permettez-
moi quelques mots très-courts qui, je l'espère, ne lasseront
pas votre patience.

Il y a huit mois, lorsque nous nous sommes réunis pour
la première fois, notre chère patrie savait qu'elle pouvait
compter sur vous, comme nous étions certains qu'elle ne
faillirait pas à son devoir.

Son attente n'a pas été trompée, la suite l'a prouvé, et
bien souvent déjà le Consulat a recueilli de nombreux
témoignages de reconnaissance et de sympathie, que j'ai
fait remonter à ceux qui les méritaient mieux que moi.

Notre ambulance, présidée par M. VERNET, a été un éta-
blissement modèle, distingué entre tous par les soins aussi
éclairés qu'affectueux donnés aux malades ou aux blessés,
par le dévouement de ceux qui s'y étaient consacrés, et

je peux ajouter par leur adresse dans les pansements, et leur charité pour ceux qui souffraient.

Notre corps de Pompiers, avec M. DAPPLES à sa tête, n'a pas été en arrière non plus, et sauf erreur de ma part, tant qu'à duré son organisation supérieure, il a toujours paru le premier dans les nombreux sinistres de l'hiver dernier, sans que nous ayons jamais eu de perte irréparable à déplorer.

Je ne peux nommer personne, car chacun a fait son devoir. Je ne veux cependant pas terminer sans offrir encore de votre part, au risque de les répéter, vos chauds remerciments à nos médecins et chirurgiens :

A M. GIGNOUX père, l'honneur de notre pays, dont vous connaissiez le talent désintéressé, mais qui, dans sa verte vieillesse, s'est révélé à nous comme poète et littérateur ; à M. GIGNOUX fils, qui porte dignement le nom si lourd de son père ; à M. BLANCHARD, dont l'intelligence médicale égale le zèle et le patriotisme ; et, enfin, à M. ICARD, l'ornement de sa profession, et qui en sera avant peu une des lumières les plus consultées. Mais, vous me permettrez sans doute de réunir à ce faible témoignage de reconnaissance qui est dans tous vos cœurs, celui de votre gratitude pour votre comité de direction, dont les soins ont amené les résultats excellents que vous connaissez, et qui ont singulièrement aidé les travaux du Consulat et les ont rendus presque faciles.

Je ne dois pas non plus omettre trois femmes modestes, qui ont été des mères et des sœurs pour nos malades et nos blessés, et leur ont fait oublier, par leurs soins touchants, leur éloignement du foyer de la famille.

Quelques-uns de nos compatriotes, comme cela vous a été dit tout à l'heure, avaient conçu depuis longtemps l'idée patriotique de former une Société Suisse, pour nous aider les uns les autres, et mettre en pratique vivante notre immortelle devise nationale gravée dans tous les cœurs de nos confédérés. Mais, jusqu'à ce jour, les éléments d'appréciation manquaient, nous étions inconnus les uns aux autres, nous ne nous étions jamais comptés, et le point de départ n'existait pas.

Les tristes événements qui viennent de se dérouler, auront eu cela de bon pour notre colonie, que nous avons appris à nous réunir, à nous voir et à sentir qu'un Suisse ou qu'une famille Suisse établis à Lyon ne seraient jamais frappés sans trouver autour d'eux des amis pour les aider, d'une façon plus large et plus éclairée que ne peuvent le faire des efforts isolés.

Je vous propose donc, de nommer quelques-uns de vous, pour étudier cette question avec tout le soin intelligent qu'elle mérite, et si elle peut aboutir, comme nous l'espérons, nous pourrons dire que nous aurons fait quelque chose pour la patrie.

Enfin, Messieurs et chers Confédérés, voici ma dernière proposition que vous attendez sans doute :

« Levons-nous tous, pour saluer le drapeau de la Confédération, et que cette bannière soit toujours comme elle l'est déjà, l'emblème du patriotisme, de l'honneur, du courage et de la charité.

Vive la Confédération Suisse !

RECETTES — Situation financière de la SOCIÉT[É]

	francs	c.	francs	c.
Encaissé 469 souscriptions pour la Société, suivant répertoire général..............	10,922	60		
Produit de deux quêtes en Assemblée générale...............................	58	80		
Remboursement d'un rapport............	1	»		
Société....			10,982	4[0]
Remboursements de casquettes d'Ambulance	277	50		
» brassards	33	»		
» d'un sommier	25	»		
Produit du tronc de l'Ambulance.........	51	25		
Produit d'une quête en Assemblée des Infirmiers................................	15	80		
Ambulance....			402	5[?]
Reçu des Pompiers à valoir sur leur équipement................................	1,774	85		
Produit d'une quête à l'Ile-Barbe..........	25	»		
Produit de la vente de diverses fournitures, etc.....................	79	05		
Abandon par les Pompiers de l'indemnité due pour Gardes............................	300	»		
Excédant de caisse du Sergent-Major......	2	50		
Pompiers....			2,181	4[?]
			13,566	3[?]
Solde en caisse......................			604	6[?]
1 souscription à encaisser			50	
Déficit....			75	3[?]
			730	
Reçu de l'Intendance militaire...........	619	30		
A recevoir...........................	2,736	»		
Somme totale reçue de l'Intendance...	3,355	30		

L'Assemblée, sur la proposition du Président, décide que la somm[e] reçue de l'Intendance militaire française sera distribuée aux population[s] des pays ravagés par la guerre. Le produit de la liquidation d[e]

CAISSE de SECOURS au 22 Avril 1871   DÉPENSES

Dépenses diverses de la Société pour imprimés, circulaires, etc...............	536	25		
Souscription en faveur des victimes de l'incendie des Brotteaux	200	»		
Société....			736	25
Frais d'installation de l'Ambulance : agencements, meubles, literie, etc............	1,619	65		
Coût de 123 casquettes et 66 brassards d'infirmiers.....................	775	»		
Dépenses de l'Ambulance en 145 jours pour nourriture et remèdes des malades......	4,942	30		
Ambulance....			7,736	95
Dépensé pour l'équipement des Pompiers, etc.	3,829	15		
Frais d'enterrement d'un Pompier suisse..	218	»		
Indemnité due aux Pompiers pour gardes...	300	»		
Pompiers...			4,347	15
Notre versement pour combler le déficit de la souscription du Comité en faveur des Suisses à Paris.....................			50	»
Frais de nos expéditions pour les soldats français internés en Suisse			91	35
Solde en Caisse			604	65
			13.566	35
À PAYER :				
Solde appointements des femmes de l'Ambul.	230	»		
Cadeaux id. id.	200	»		
Frais d'impression du rapport définitif......	300	»		
			730	»
			730	»
Déficit approximatif.................			75	35

matériel de l'Ambulance après le règlement des comptes restant à payer sera attribué à la nouvelle Société Suisse en voie de formation.

COMITÉ

—

M. Alphonse RUFFER (canton de Genève), Consul de la Confédération suisse, *Président honoraire.*

MM.

Edmond VERNET (canton de Genève), *Président et Directeur de l'Ambulance.*
Édouard MATHIEU (canton de Vaud), *Vice-Président.*
Frédéric ZURCHER (canton d'Appenzell), *Vice-Président.*
Jacques MAAG (canton de Zurich), *Sous-Directeur de l'Ambulance.*

MM.

Charles MAYOR (canton de Vaud), *Trésorier.*
Anselme BORNET (canton de Vaud).
Charles CHAPUISAT (canton de Vaud).
John KIMMERLING (canton de Genève).

Commission chargée de la répartition des secours envoyés par les Comités internationaux de Genève et Bâle.

Émile CHENAUD (canton de Genève), *Secrétaire du Comité.*

MM.

Docteur Irénée GIGNOUX père (canton de Vaud).
Docteur Louis GIGNOUX fils (canton de Vaud).
Joseph BLANCHARD (canton de Genève), chirurgien interne des hôpitaux de Lyon.

Médecins de l'Ambulance.

MM.

Ernest DAPPLES (canton de Vaud), *Commandant des Pompiers.*
Jacques STUDER (canton de Zurich), *Secrétaire des Pompiers.*
Henri ANDRIÉ (canton de Neuchâtel).

Jean AUDERSETH (canton de Fribourg).
Eugène DUCRÉ (canton de Genève).
Marc GILLARD (canton de Vaud).
Albert HESS (canton Schaffhouse).
Paul JACCOUD (canton de Vaud).
Charles LACROIX (canton de Genève).
François LUQUIENS (canton de Genève).
César MADERNI (canton du Tessin).
Louis MATHIS (canton de Zurich).
Jacques PERINI (canton des Grisons).
Jean SPESCHA (canton des Grisons).
Charles SUTER (canton de Zurich).

Liste des Souscripteurs à la Société Suisse de Secours
PENDANT LA GUERRE

Abbin, Vincent, cant. des Grisons.
Æschimann, Victor, cant. de Berne.
Airaghi, J.-B., cant. du Tessin.
Alberti, Jean, cant. du Tessin.
Alig, Jean-Pierre, cant. des Grisons.
Allegranza, Charles, cant. du Tessin.
Allegranza, François, cant. du Tessin.
Allegranza, Joseph, cant. du Tessin.
Allegranza, Louis, canton du Tessin.
Allegranza, Pascal, cant. du Tessin.
Amy, Samuel, cant. de Vaud.
Andrié, Edouard, cant. de Neuchâtel.
Andrié, Henri, cant. de Neuchâtel.
Andrié, Marc, cant. de Neuchâtel.
Anspach, Charles, cant. de Genève.
Anzoli, Chérubin, cant. du Tessin.
Anzoli, cant. du Tessin.
Arpaganz, Fleury, cant. des Grisons,
Arquische, Antoine, cant. des Grisons.
Audéoud, Eugène, cant. de Genève.
Auderseth, Jean, cant. de Fribourg.
Auderseth, Louis-Gaëtan, cant. de Fribourg.
Balissat, Louis, cant. de Vaud.
Bally, Etienne, cant. de Genève.
Barella, cant. du Tessin.
Barella, Jérôme, cant. du Tessin.
Baretta, Joseph, cant. du Tessin.
Baretta, Reymondo, cant. du Tessin.
Bassi, Jacques cant. du Tessin.
Baud, Charles, cant. de Vaud.
Baud, Victor, cant. de Vaud.
Bays, Xavier, cant. de Fribourg.
Beaudy, cant. de Fribourg.
Beer, Antoine, cant. des Grisons.
Béguin, Fritz, cant. de Neuchâtel.
Beltramini, Jean, cant. du Tessin.
Beltramini, Siso, cant. du Tessin.
Benoît, Augustin, cant. de Vaud.
Bernasconi, César, cant. du Tessin
Bernasconi, Charles, cant. du Tessin.
Bernasconi, Louis, cant. du Tessin.
Bernasconi, Vincent fils, cant. du Tessin.

Bernasconi, Vincent père, cant. du Tessin.
Bertali, Jean, cant. du Tessin.
Berther, Louis, cant. des Grisons.
Bertina, Charles, cant. du Tessin.
Bertina, Jean, cant. du Tessin.
Besse, Jean, cant. de Vaud.
Beutter, Frédéric, cant. de Thurgovie.
Beutter, Henri, cant. de Thurgovie.
Beutter, Joseph, cant. de Thurgovie.
Beyler, Nicolas, cant. de Berne.
Bez, Jules, cant. de Genève.
Bianchi, Louis, cant. du Tessin.
Bianchini, Pierre, cant. du Tessin.
Biebant.
Billa, Eugène, cant. d'Argovie
Bioley, Louis, cant. de Vaud.
Bloch, Jacques, cant. de Bâle.
Bochet, Jean, cant. de Genève.
Bocquet, Joseph, cant. de Genève.
Bomparis, Amédée, cant. de Genève.
Born, Joseph, cant. de Soleure.
Bornet, Anselme, cant. de Vaud.
Borrelli, Etienne, cant. du Tessin.
Boulaz, Henri, cant. de Vaud.
Boverat, François, cant. de Genève.
Bovey, Edouard, cant. de Vaud.
Brændli, Edouard, cant. du Zurich.
Brenner, Hermann, cant. de Thurgovie.
Brentini, Louis, cant. du Tessin.
Brentini, cant. du Tessin.
Broggi, Antoine, cant. du Tessin
Brun, Isaac, cant. de Genève.
Buchy, Jean, cant. de Thurgovie.
Burckhardt, César, cant. de Zurich.
Burguer, François, cant. de Genève.
Buvelot, Louis, cant. de Vaud.
Cabalzar, Jacques-Antoine, cant. des Grisons.
Cachemaille, Louis, cant. de Vaud.
Calgari, Joseph, cant. du Tessin.
Camenisch, Moris, cant. des Grisons.
Campiche, Charles, cant. de Genève.
Canac, Jean-Isaac, cant. de Vaud.

Cantiene, Joseph, cant. des Grisons.
Cargiet, Etienne, cant. des Grisons.
Cargiet, Joachim, cant. des Grisons.
Cargiet, Pierre, cant. des Grisons.
Cartier Jean-Marie, cant. de Vaud
Castelmur, Barthélemy.
Cattemens, Jean, cant. des Grisons.
Caveng, Antoine, cant. des Grisons.
Caveng, Antoine, cant. des Grisons
Cellérier, Auguste, cant. de Genève.
Cévey, Henri, cant. de Vaud.
Chalet, Charles, cant. de Vaud.
Chalet, François, cant. de Vaud.
Chalet, Henri, cant. de Vaud.
Chammartin, Pierre, cant. de Fribourg.
Champury, Edouard, cant. de Genève.
Chanson, François, cant. de Vaud.
Chapalay, Louis, cant. de Vaud.
Chapuis, David, cant. de Vaud.
Chapuis, Louis, cant. de Vaud.
Chapuisat, Charles, cant. de Genève.
Charles, Edouard, cant. de Genève.
Charoton aîné, cant. de Vaud.
Charoton jeune, cant. de Vaud.
Chatel, Marc, cant. de Genève.
Chatelan, Frédéric, cant. de Vaud.
Chavannes, Emile, cant. de Vaud.
Chenaud, Emile, cant. de Genève.
Chiapazzi, Joseph, cant. du Tessin.
Cima, Charles, cant. du Tessin.
Cima, Eugène, cant. du Tessin.
Cima, Joseph, cant. du Tessin.
Clerc, Louis-Auguste, canton de
  Neuchâtel.
Collomberg, Ivanhoe, cant. des Grisons.
Comte, Frédéric, cant. de Vaud.
Cornu, Marin, cant. de Vaud.
Croce, Martin, cant. des Grisons.
Cuhat, François, cant. de Vaud.
Dahm, Hermann, cant. de Thurgovie.
Dallessandri, Josué, cant. du Tessin.
Dapples, Ernest, cant. de Vaud.
Davier, Joseph, cant. de Genève.
Mme Ve Debar, Lyon.
Decurtins, Tony, cant. des Grisons.
Defrancesco, Ambroise, cant. des
  Grisons.
Degiovanfranceschi, Joseph, cant.
  du Tessin.
Delapierre, Jules, cant. de Vaud.
Dellabella, Jean, cant. des Grisons.

Dellavecchia, Jean, cant. du Tessin.
Dellavecchia, Maxime, cant. du Tessin.
Delorme, Lyon.
Delpietro, cant. du Tessin.
Delpietro, Jacques, cant. du Tessin.
Delpietro, Victor, cant. du Tessin.
Demaria, Giovanni, cant. du Tessin.
Dentand, Joseph, cant. de Genève.
Depelli, Tranquillo, cant. du Tessin.
Derias, Georges, cant. de Vaud.
Diani, Guillaume, cant. du Tessin.
Dietrich, Jules, cant. des Grisons.
Diggelmann, Jules, cant. du Zurich.
Dillier, François, cant. d'Unterwald.
Disch, Jacques-Antoine, cant. des
  Grisons.
Domenditti, Rocco, cant. du Tessin.
Dubelbeiss, Jacques.
Dubied, Guillaume, cant. de Neuchâtel.
Ducré, Eugène, cant. de Genève.
Duedly, Michel, cant. de St-Gall.
Dumartheray, Marc, cant. de Vaud.
Dupasqaier, Nicolas, cant. de Fribourg.
Duperrex, Antoine, cant. de Genève.
Duplan, Charles-Marc, cant. de Vaud.
Durgiai, Jean-Baptiste, cant. des
  Grisons.
Eggimann, Henri, cant. de Berne.
Engler, Emmanuel, cant. de Bâle.
Ernst, Jakob, cant. d'Argovie.
Fæssler, Christian, cant. de Genève.
Falb, Charles-François, cant. de Vaud.
Farvagné, Antoine, cant. de Fribourg.
Favre, David, cant. de Vaud.
Favre, François, cant. de Genève.
Favre, Joseph, cant. de Genève.
Filipini, Silvio, cant. du Tessin.
Fischer, Edouard, cant. de Lucerne.
Fischer, Théophile, cant. d'Argovie.
De la Fléchère jeune, cant. de Genève.
Fleury, François, cant. de Berne.
Flury, Jacques, cant. des Grisons.
Fontannes, Marc, cant. de Vaud.
Foppa, Joseph, cant. des Grisons.
Forni, Charles, cant. du Tessin.
Forni, Dominique, cant. du Tessin.
Forni, Joseph, cant. du Tessin
Forni, Séraphin, cant. du Tessin.
Forrer-Debar, James, cant. de Zurich.
Fraschebout, Hyacinthe, cant. du Valais.
Freuer, Rodolphe, cant. de Glaris.

Frœhlich., Ferdinand, cant. du Zurich.
Frossard de Saugy, Edouard, cant. de Vaud.
Furst, Jean-Baptiste, cant. de Zurich.
Gaillard, Frédéric, cant. de Vaud.
Gaillard, Louis, cant. de Genève.
Galline, Oscar.
Gard, Anne-Louis, cant. du Valais.
Gaudard, Charles, cant. de Neuchâtel.
Genelli, Charles, cant. du Tessin.
Genoud, Charles, cant. de Fribourg.
Gianelli, Alphonse, cant. du Tessin.
Gianora, Thomas, cant. du Tessin.
Giglolmazzi, Fortunato, cant. du Tessin.
Gignoux, Irénée, cant. de Vaud.
Gillard, Marc, cant. de Vaud.
Girardet, Charles, cant. de Vaud.
Glasson, Gustave, cant. de Fribourg.
Gleyre, Henri, cant. de Vaud.
Gleyre, Samuel, cant. de Vaud.
Gleyvod, Michel, cant. de Fribourg.
Golofray, Nicolas, cant. de Vaud.
Grange, Emile, cant. de Genève.
Grémaud, Félix, cant. de Fribourg.
Gremion, Alexis, cant. de Fribourg.
Gremion, Jean, cant de Fribourg.
Gros, Louis, cant. de Genève.
Guex, Charles, cant. de Vaud.
Guggeri, Joseph, cant. du Tessin.
Guibentif, H., cant. de Genève.
Guillermet, Henri, cant. de Genève.
Guttinger, Jacques, cant. du Zurich.
Haas, cant. de Genève.
Haas, Antoine, cant. de Lucerne.
Haas, Emile, cant. de Genève.
Hahn, Christophe, cant. de Genève.
Haltiner, Jean, cant. de Saint-Gall.
Hemmerling, Louis, cant. de Vaud.
Henking, Louis, cant. de Saint-Gall.
Hess, Albert, cant. de Schaffhouse.
Hiertzler, Marc, cant. de Genève.
Hirzel, Albert, cant. de Zurich.
Hirzel, Gaspard, cant. de Zurich.
Hoffmann, Guillaume.
Hoppfer, Lyon.
Hugendobler, Edouard, cant. de Neuchâtel.
Hunziker, Hans, cant. d'Argovie.
Huonder, Antoine, cant. des Grisons.
Huonder, Jacques, cant. des Grisons.

Huonder, Laurent, cant. des Grisons.
Huoni, Antoine, cant. des Grisons.
Inalbon, Benjamin,, cant. du Valais.
Isaaz, Joseph, cant. de Vaud.
Isely, Emile, cant. de Genève.
Isler, Placide, cant. d'Argovie.
Jaccoud, Paul. cant. de Vaud.
Jacollet, Joseph, cant. de Vaud.
Jacumet, Louis-Antoine, cant. des Grisons.
Jæger, Jean, cant. des Grisons.
Jagmetti, Anselme, cant. du Tessin.
Jagmetti, Louis, cant. du Tessin.
Jaton, Félix, cant. de Vaud.
Jehli, Hercules, cant. des Grisons.
Jehmini, Jean, cant. du Tessin.
Jehmini, Joseph, cant. du Tessin,
Jehmini, Louis, cant. du Tessin.
Jérôme, Louis, cant. de Genève.
Jordan, Jean-Daniel, cant. de Vaud.
Jordan, Rodolph, cant. de Berne.
Joseph, Emile, cant. de Vaud.
Jurietti, Joseph, cant. du Tessin.
Kaspar, Albert, cant. de Zurich.
Kaufmann, Henri, cant. de Zurich.
Kiefer, Frédéric, cant. de Bâle.
Kilchenmann, Frédéric, cant. de Berne.
Kimmerling, John, cant. de Genève.
Koch, Edouard, cant. de Neuchâtel.
Koelliker, Alfred, cant. du Zurich.
Koelliker, Charles, cant. de Zurich.
Koelliker, Arthur, cant. de Zurich.
Krutly, Jules, cant. de Vaud.
Kurtner, Albert, cant. de Vaud.
Lacroix, Charles, cant. de Genève.
Laffèly, Francisque, cant. de Vaud.
Lambert, Jean-Claude, cant. de Neuchâtel.
Lassieur, Eugène, cant. de Genève.
Laurent, Alexandre, cant. de Vaud.
Laurent, Eugène, cant. de Vaud.
Laurent, Eugène, cant. de Vaud.
Leclerc, Nicolas, cant. de Genève.
Lecoultre, Frédéric, cant. de Genève.
Lecoultre, Marc, cant. de Genève.
Lecmann, Hermann, cant. de Zurich.
Leonardi, Antoine, cant. du Tessin.
Letourneur, Lyon.
Leuba, Alfred, cant. de Genève.
Liolet, Louis, cant. de Genève.

Livers, Paul, cant. des Grisons.
Lœtscher, Joseph, cant. de Lucerne.
Lombardi, Charles, cant. de Genève.
Longhi, Jacques, cant. du Tessin.
Longhi, Josué, cant. du Tessin.
Longhi, Laurent, cant. du Tessin.
Longhi, Marius, cant. du Tessin.
Longhi, Siro, cant. du Tessin
Luquiens, François, cant. de Genève.
Maag, Jacques, cant. du Zurich.
Mahut, Louis, cant. de Genève.
Maderni, César, cant. du Tessin.
Maderni, François, cant. du Tessin.
Mæder, Joseph, cant. d'Argovie.
Maestrani, cant. du Tessin.
Maestrani, Joseph, cant. du Tessin.
Magnenat, Alphonse, cant. de Genève.
Mahler, cant. de Zurich.
Manora, Antoine, cant. du Tessin.
Manora, Charles, cant. du Tessin.
Manora, Guillaume, cant. du Tessin.
Margairaz, Jean, cant. de Vaud.
Margot, François, cant. de Vaud.
Marti, Antoine, cant. du Tessin.
Marti, Benoît, cant. du Tessin.
Marti, Joseph, cant. du Tessin.
Martin, Charles, cant. de Zurich,
Martin, Claude-Joseph, cant. de
    Genève.
Martin, François, cant. de Vaud.
Martin, Jacques-Alexandre, cant. de
    Genève.
Martin, Henri, cant. de Vaud.
Martin, Riedi, cant. des Grisons.
Martin, cant. de Saint-Gall.
Mathieu, Edouard, cant. de Vaud,
Mathys, Louis, cant. de Zurich.
Maury, Auguste, cant. de Vaud.
Mayor, Charles, cant. de Vaud.
Mazzuchelli, Jacques, cant. du Tessin.
Mazzuchelli, Joseph, cant. du Tessin.
Mégroz, aîné, cant. de Vaud.
Mégroz, Vincent, cant. de Vaud.
Meng, Jean, cant. d'Argovie.
Meystre, cant. de Vaud.
Michel, Cattano, cant. du Tessin.
Milli, Jean. cant. du Tessin.
Molo, Joseph, cant. du Tessin.
Molo, Pétrus, cant. du Tessin.
Molo, Pierre, cant. du Tessin.
Monn, Antoine, cant. des Grisons.

Monn, Jean, cant. des Grisons.
Monn, Joseph, cant. des Grisons.
Monn, Joseph, cant. des Grisons.
Monn, Placedi, cant. des Grisons.
Monod, Marc, cant. de Vaud.
Morf, Jakob, cant. de Zurich.
Morosi, Jean, cant. du Tessin.
Morosi, Joseph, cant. du Tessin.
Mottaz, cant. de Vaud.
Moutit, Jacques, cant. des Grisons.
Mühlebach, Louis-Joseph, cant. de
    Lucerne.
Müller, Jean-Jacques, cant. de
    Thurgovie.
Muoth, Louis, cant. des Grisons.
Neiza, Tornaso, cant. du Tessin.
Neri, Jean, cant. du Tessin.
Nuscheler, Charles, cant. de Zurich.
Oetinger, Charles, cant. de Genève.
Orelli, Angelo, cant. du Tessin.
Orelli, Jacques, cant. du Tessin.
Orelli, Jean, cant. du Tessin.
Pagani, Mario, cant. du Tessin.
Pagani, Pierre, cant. du Tessin.
Panatti, Téodoro, cant. du Tessin.
Panchaud, Jean, cant. de Vaud.
Parci, Pierre, cant. du Tessin.
Pascal, Conrad, cant. du Tessin.
Pedemina, Joseph, cant. du Tessin.
Pedrini, Jacques, cant. du Tessin.
Pedrini, Maurice, cant. du Tessin.
Pedrinis, Auguste, cant. du Tessin.
Pedrinis, Innocent, cant. du Tessin.
Pedrinis, Jérémie, cant. du Tessin.
Peirola, Thomas, cant. des Grisons.
Perini, Jacques, cant. des Grisons.
Pernoux, Louis-Philippe, cant. de
    Genève.
Perrin, Samuel, cant. de Vaud.
Peter, Jules, cant. de Vaud.
Peterini, Celzo, cant. du Tessin.
Petitpierre, Amy, cant. de Neuchâtel.
Peytregnet, Louis, cant. de Vaud.
Pfister, Frédéric, cant. de Zurich.
Piaget, cant. de Neuchâtel.
Piantoni, Joseph, cant. du Tessin.
Piller, Edouard, cant. de Fribourg.
Pinguely, Edmond, cant. de Vaud.
Plazzi, Philippe, cant. des Grisons.
Porchat, Elie, cant. de Genève.
Porta, Charles, cant. de Vaud.

Poschung, Jean, cant. de Berne.
Prod'hon, Etienne, cant. de Vaud.
Protti, Moïse-César, cant. du Tessin.
Rada, Pierre, cant. des Grisons.
Rambosson, Joseph, cant. de Genève.
Raymondon, Jacques, cant. de Genève.
Reichmuth, François, cant. de Schwytz
Renaud, Louis, cant. de Vaud.
Riser, Luc, cant. de Genève.
Rochat, Etienne, cant. de Genève.
Rolland, Henri, cant. de Genève.
Rossier, Charles, cant. de Vaud.
Roth, Oscar, cant. de Zurich.
Rousseil, Alexandre, cant. de Vaud.
Rudolf, George, cant. d'Argovie.
Ruffer, Alphonse, cant. de Genève.
Salvi, Constant, cant. du Tessin.
Salzi, Jean, cant. du Tessin
Salzi, Joseph, cant. du Tessin.
Salzmann, Edouard, cant. de Berne
Savary, Vincent, cant. de Fribourg.
Scappardini, George, cant. du Tessin.
Scappardini, Jules, cant. du Tessin.
Scappardini, Saül, cant. du Tessin.
Schaffhauser, Jean-Baptiste, cant. de
   Saint-Gall.
Scherb, Georges, cant. de Bâle.
Schindler, Emile, cant. de Berne.
Schinz, cant. de Zurich.
Schlesinger, Alexandre, cant. d'Argovie
Schlesinger, Henri, cant. de Vaud.
Schmidt, Antoine, cant. des Grisons.
Schœni, Alphonse, cant. de Berne.
Schuoler, Baptiste, cant. des Grisons.
Schuoler, Jacques, cant. des Grisons.
Schupbach, Jean, cant. de Berne.
Schweizer, Frédéric, cant. de Zurich.
Senoffre, Jean, cant. de Genève.
Sérez, Charles, cant. de Vaud.
Serment, Léon, cant. de Genève.
Sinn, Lyon.
Solari, Joseph, cant. du Tessin.
Solari, Benjamin, cant. du Tessin.
Spazin, Christian, cant. des Grisons
Spazin, Joannès, cant. des Grisons.
Speiser, Jean, cant. de Bâle.
M⁣ᵐᵉ Spencer, Fanny, Lyon.
Spescha, Jean, cant. des Grisons.

Spinedi, Joseph, cant. du Tessin.
Spinelli, Charles, cant. du Tessin.
Mᵐᵉ Stadler, cant. de Zurich.
Staub, Daniel, cant. de Glaris.
Sternbauer, Maurice, cant. de Zurich.
Stierlin, Conrad, cant. de Schaffhouse.
Stroubhardt, Henri, cant. de Vaud.
Studer, Jacques, cant. de Zurich.
Stussi, cant. de Glaris.
Sulzberger, Emile, cant. de Thurgovie.
Suter, Charles, cant. de Zurich.
Taddei, Emmanuel, cant. du Tessin.
Théodore, Emmanuel, cant. de Vaud.
Thomas, Louis, cant. de Vaud.
Thomassin, Jean, cant. des Grisons.
Thomeguex, Albert, cant. des Grisons.
Thorel, Louis, cant. de Genève.
Thorin, Charles, cant. de Saint-Gall.
Thorin, Cyprien, cant. de Fribourg.
Thuilliard, François, cant. de Vaud.
Tini, Jean, cant. du Tessin.
Tini, Victor, cant. du Tessin.
Tonella, Charles, cant. du Tessin.
Treboux, Laurent, cant. de Vaud.
Treboux, Marc-Louis, cant de Vaud.
Truaisch, Martino, cant. du Tessin.
Turian, Jules, cant. de Genève.
Urieti, Charles, cant. du Tessin.
Urietti, Joseph, cant. du Tessin.
Urietti, Pierre, cant. du Tessin.
Valli, Jérôme, cant. du Tessin.
Vaney, Daniel, cant. de Vaud.
Veglio, Jean, cant. du Tessin.
Vernet, Edmond, cant. de Genève.
Vescovi, Dominique, cant. du Tessin.
Wackernagel, Edouard, cant. de Bâle.
Warnery, Rodolphe, cant. de Vaud.
Wenzia, Joseph, cant. des Grisons.
Witzig, Conrad, cant. de Zurich.
Zeiner, Conrad, cant. de Genève.
Zeller, Otto, cant. de Zurich.
Zurcher, Frédéric, cant. d'Appenzell.
Zuter, Christian, cant. de Berne.
Anonyme, (Andrié).
Anonyme (Boraet)
Anonyme, un Vaudois,
Anonyme, G. A. R.

Liste des Pompiers qui ont souscrit pour leur équipement

Æschimann, Victor, cant. de Berne.
Alberti, Jean, cant. du Tessin.
Andrié, Edouard, cant. de Neuchâtel.
Andrié, Marc, cant. de Neuchâtel.
Arquische, Antoine, cant. des Grisons
Audéoud, Eugène, cant. de Genève.
Auderseth, Jean, cant. de Fribourg.
Balissat, Louis, cant. de Vaud.
Bansac, Jean-Baptiste, cant. de Genève.
Bansac, Théodore, cant. de Genève.
Baumann, Jacob.
Beer, Antoine, cant. des Grisons.
Benz, Léon, cant. des Grisons.
Baretta, Philippe, cant. du Tessin.
Berger, Guillaume, cant. du Tessin.
Bernasconi, César, cant. du Tessin.
Bernasconi, Charles.
Bernasconi, Vincent, cant. du Tessin.
Berther, Louis, cant. des Grisons.
Bertina, Jean, cant. du Tessin.
Besse, Jean, cant. de Vaud.
Bissat, Marc, cant. de Vaud.
Blauchard, Pétrus.
Borelly, Etienne, cant. du Tessin.
Bourquin, César, cant. de Neuchâtel.
Burckhardt.
Burckhardt, César, cant. de Zurich.
Calanca, Jean, cant. du Tessin.
Calanca, Pierre, cant. du Tessin.
Camenisch, Moris, cant. des Grisons.
Cantoni, Auguste, cant. du Tessin.
Cartier, Jean-Marie, cant. de Vaud.
Carvet, Joseph, cant. des Grisons.
Casanova, Auguste, cant. du Tessin.
Casanova, Joseph, cant. du Tessin.
Castelberg, Christian, cant. des Grisons.
Chatelan, Frédéric, cant. de Vaud.
Chavannes, Emile, cant. de Vaud.
Chenaud, Emile, cant. de Genève.
Clot, Louis, cant. de Vaud.
Comte, Frédéric, cant. de Vaud.
Dapples, Ernest, cant. de Vaud.
Dauphin, Jules, cant. de Vaud.
Defrancesco, Ambroise, cant. des Grisons.

Delpietro, Victor, cant. du Tessin.
Despond, François, cant. de Vaud.
Drut, Pierre, cant. de Genève.
Dubelbeiss, Jacques.
Eggimann, Henri, cant. de Berne.
Exquis, Charles.
Falle, François, cant. de Vaud.
Favre, David, cant. de Vaud.
Fischer, Théophile, cant. d'Argovie.
Fleury, Franz, cant. de Berne.
Forni, Etienne, cant. du Tessin.
Forni, Achille, cant. du Tessin.
Gaillard, Louis, cant. de Genève.
Ganella, Baptiste, cant. du Tessin.
Gaudard, Charles, cant. de Neuchâtel.
Genini, Vincent, cant. du Tessin.
Gianorat, Antoine, cant. du Tessin.
Girardet, Charles, cant. de Vaud.
Giuglio, Martin, cant. du Tessin.
Gotofray, Nicolas, cant. de Vaud.
Gremion, Alexis, cant. de Fribourg.
Guttinger, Jacques, cant. de Zurich.
Guyaz, Marc, cant. de Vaud.
Haas, Emile, cant. de Genève.
Hahn, Christophe, cant. de Genève.
Hermann, Samuel, cant. de Vaud.
Hugendobler, Edouard, cant. de Neuchâtel.
Jam, Jean, cant. du Tessin.
Jam, Victor, cant. du Tessin.
Jehmini, Jean, cant. du Tessin.
Jemelti, Jacques, cant. du Tessin.
Jordan, Rodolphe, cant. de Berne.
Kern, Jean, cant. de Schaffhouse.
Krieg, Henri, cant. de Berne.
Lassieur, Eugène, cant. de Genève.
Laurent, Daniel.
Leemann, Hermann, cant. de Zurich.
Longhi, Joseph, cant. du Tessin.
Longhi, Josué, cant. du Tessin.
Longhi, Marius, cant. du Tessin.
Longhi, Siro, cant. du Tessin.
Lugon-Moulin, Florentin, cant. de Genève.
Luquiens, François, cant. de Genève.

Mabut, Louis, cant. de Genève.
Maderni, Jean, cant. du Tessin.
Maderni, Louis, cant. du Tessin.
Maissen, Piérre.
Manara, Jean, cant. du Tessin.
Marti, Antoine, cant. du Tessin.
Martin, Claude-Joseph, cant. de Genève.
Martin, Jacques, cant. de Genève.
Mercier, Charles, cant. de Vaud.
Molo, Pétrus, cant. du Tessin.
Monod, Marc, cant. de Vaud.
Mottaz, Henri, cant. de Vaud.
Mourat, Antoine, cant. de Fribourg.
Mühlebach, Louis-Joseph, cant. de Lucerne.
Müller, Frédéric. cant. de Berne.
Müller, François-Louis, cant. de Berne.
Nieriker, Louis, cant. d'Argovie.
Panatti, Théodore, cant. du Tessin.
Papis, Angelo, cant. du Tessin.
Paux, François, cant. de Neuchâtel.
Pedemina, Joseph, cant. du Tessin.
Pedrini, Jérémie, cant. du Tessin.
Perrenoud, Pierre, cant. de Neuchâtel.
Perrin, Samuel, cant. de Vaud.
Peter, Jules, cant. de Vaud.
Petitpierre, Amy, cant. de Neuchâtel.
Poget, Louis, cant. de Vaud.
Rebsamen, Adolphe.
Renaud, Louis, cant. de Vaud.
Rigoni, Barthélemy, cant. du Tessin.
Rossier, Charles, cant. de Vaud.

Rueffly, Joseph, cant. de Soleure.
Ruthi, John, cant. de Genève.
Salzmann, Edouard, cant. de Bern.
Savary, Vincent, cant. de Fribourg.
Schaffroth, Charles.
Schenk, Conrad, cant. de Zurich.
Schwalbach, Jean, cant. de Genève.
Sérez, Charles, cant. de Vaud.
Serment, Léon, cant. de Genève.
Simmen, Jacques.
Simond, Charles, cant. de Vaud.
Sommer.
Spazin, Joannès, cant. des Grisons.
Spescha, Jean, cant. des Grisons.
Spinedi, Joseph, cant. du Tessin.
Staub, Daniel, cant. de Glaris
Sternbauer, Maurice, cant. de Zurich.
Stocker, Jacques, cant. de Zurich.
Studer, Jacques, cant. de Zurich.
Théodore, Emmanuel, cant. de Vaud.
Treboux, Marc-Louis, cant. de Vaud.
Uldry, Hector, cant. de Vaud.
Uldry, Joseph, cant. de Vaud.
Wackernagel, Edouard, cant. de Bâle.
Walder, Georges.
Wasmer, François, cant. de Fribourg.
Weber, Rodolphe, cant. de Zurich.
Wenger, Elie, cant. du Valais.
Witzig, Conrad, cant. de Zurich.
Yuon, Lucien.
Zeier, Antoine.
Zimmerli, Georges, cant. de Schaffhouse.
Zuter, Christian, cant. de Berne.

Liste des Infirmiers qui ont souscrit pour leurs casquettes

ETC.

Allegranza, Pascal, cant. du Tessin.
Andrié, Edouard, cant. de Neuchâtel.
Andrié, Marc, cant. de Neuchâtel.
Badoux, Jules, cant. de Vaud.
Billo, Eugène, cant. d'Argovie.
Blanchard, Joseph, cant. de Genève.
Bornet. Anselme, cant. de Vaud.
Brændli, Edouard, cant. de Zurich.
Chalet, Henri, cant. de Vaud.
Chapuisat, Charles, cant. de Genève.
Delapierre, Jules, cant. de Vaud.
Desac, Antoine, cant. des Grisons.
Deytard, Louis, cant. de Vaud.
Deytard, Jules, cant. de Vaud.
Dillier, François, cant. d'Unterwald.
Gignoux, Irénée, cant. de Vaud.
Gignoux, Pierre, cant. de Vaud.
Gignoux, Louis, cant. de Vaud.
Gremion, Jean, cant. de Fribourg.
Hemmerling, Louis, cant. de Vaud.
Jurietti, Joseph, cant. du Tessin.
Kiefer, Frédéric, cant. de Bâle.
Koelliker, Charles, cant. de Zurich.

Koelliker, Arthur, cant. de Zurich.
Laurent, Eugène, cant. de Vaud.
Maag, Jacques, cant de Zurich.
Maderni, César, cant. du Tessin.
Mæder, Joseph, cant. d'Argovie.
Mathieu, Edouard, cant. de Vaud.
Molo, Joseph, cant. du Tessin,
Molo, Pierre, cant. du Tessin.
Müller, Jean, cant. de Thurgovie.
Müller, Jean-Jacques, cant. de Thurgovie.
Nuscheler, Charles, cant. de Zurich.
Perrochet, Georges, cant. de Neuchâtel.
Pinguely. Edmond, cant. de Vaud.
Pinguely, Edmond, cant. de Vaud.
Reichmuth, François, cant. de Schwytz.
Roth, Oscar, cant. de Zurich.
Rousseil, Alexandre, cant. de Vaud.
Scherb, Georges. cant. de Bâle.
Spazin, Christian, cant. des Grisons.
Stierlin, Conrad, cant. de Schaffhouse.
Vernet, Edmond, cant. de Genève.

Liste des Personnes qui ont donné pour l'Ambulance

DONS EN NATURE

MM.	MM.
Allegranza.	Jandon.
Anzoli.	Jæggli.
Andrié.	Leonardi.
Bertholet.	Letourneur.
Boissonnet.	Lesplatenier.
Bonnard.	Lewandovski.
Bornet.	Maderni.
Bouniols.	Mangini.
Cabalzar.	Mathieu.
Campiche.	Dr Mercier.
Chanson.	Meynier.
Chapuisat.	Molo.
Chatel.	Mottard.
Chavannes.	Noyer.
Chevassus.	Nuscheler.
Dapples.	Ogise.
Darier.	Perini.
Denis.	Peyrot.
Després.	Pinguely.
Devers.	Poy.
Fermaud.	Prelier.
Fitler.	Puyroche.
Forrer.	Rüffer.
Foudras.	Soujet.
Frossard.	Thomeguex.
Gaudé.	Thurian.
Genoud.	Thorin.
Gillard.	Vautrin.
Guy.	Vernet.
Hemmerling.	Ygonin.
Henking.	Zurcher.

Lyon. — Imp. Schneider frères, quai de l'Hôpital, 12.